Lo que demuestra la evidencia

Dona Herweck Rice

Asesora

Leann Iacuone, M.A.T., NBCT, ATC
Riverside Unified School District

Créditos de publicación

Rachelle Cracchiolo, M.S.Ed., *Editora comercial*
Conni Medina, M.A.Ed., *Gerente editorial*
Diana Kenney, M.A.Ed., NBCT, *Editora principal*
Dona Herweck Rice, *Realizadora de la serie*
Robin Erickson, *Diseñadora multimedia*
Timothy Bradley, *Ilustrador*

Créditos de las imágenes: Portada-pág.1 (fondo)
Arshinov/Andrey/iStock, (frente) Griessel/Creatista/
iStock; pág.2 (fondo) iStock; pág.4 (ilustración) iStock;
pág.6 (inferior) iStock; pág.7 (ilustración) Timothy Bradley;
págs.8-9 iStock; pág.10 iStock; pág.11 (ilustración
superior) iStock, (ilustración inferior) Travis Hanson;
pág.12 (ilustración) iStock; págs.13-15 iStock ; pág.16-17
gráfica basada en: www.understandingscience.org. ©
2007 University of California Museum of Paleontology,
Berkeley, and the Regents of the University of California;
págs.18-27 (ilustración) iStock; págs.28-29 (ilustraciones)
Timothy Bradley; págs.31-32 (ilustraciones) iStock;
Contraportada (ilustración) iStock; las demás imágenes
cortesía de Shutterstock.

Teacher Created Materials
5301 Oceanus Drive
Huntington Beach, CA 92649-1030
http://www.tcmpub.com
ISBN 978-1-4258-4724-1
© 2018 Teacher Created Materials, Inc.

Contenido

¡Orden en la sala!

"Damas y caballeros del jurado, la **evidencia** muestra claramente…"

Si alguna vez has visto una corte en un programa de televisión, has oído esa frase. Los abogados de cada lado presentan evidencia que respalde su versión del caso. Por supuesto, ellos quieren mostrar solamente la evidencia que los favorece. ¿Quién no querría? Es su trabajo comprobar su versión de los hechos. Entonces, si la evidencia que demuestra lo contrario de alguna forma desaparece misteriosamente... ajá. ¿Cómo podría suceder? ¡Imagínalo! (Guiño).

Bueno, la evidencia en una corte en televisión es una cosa, pero la evidencia en el mundo real, el mundo de la ciencia, es otra cosa bastante diferente. No hay manera de hacer desaparecer la evidencia científica. Y ningún científico está intentando comprobar nada. (No es algo que los científicos hagan). Se trata de ver qué indica la evidencia; TODA la evidencia. La evidencia es LO QUE ES y no se puede cambiar, alterar, rechazar ni pasar por alto. De hecho, la evidencia está en la misma ley, las leyes de la ciencia, ¡y no podemos violar estas leyes!

Los científicos no quieren tergiversar la verdad: quieren descubrirla. No quieren manipular los hechos, quieren conocer cómo son realmente. No quieren perderse detalle alguno. Trabajan con enfoque y determinación hasta que todos los detalles han sido descubiertos, registrados, estudiados, **analizados**, evaluados y vueltos a evaluar.

Si los científicos tuvieran sus propios programas de televisión, nunca terminarían. ¡Siempre se descubre nueva evidencia!

La palabra *evidencia* viene de la palabra en latín *evidentia*, que significa "claridad".

Prácticas científicas

Todo buen científico sigue prácticas esenciales en su trabajo. Estas son prácticas RECOMENDADAS (a diferencia de las prácticas NO RECOMENDADAS). De hecho, los expertos dicen que existen ocho prácticas científicas principales*, enumeradas a continuación:

① **Formular preguntas**

② **Desarrollar y usar modelos**

③ **Planificar y realizar investigaciones**

④ **Analizar e interpretar datos**

⑤ **Usar las matemáticas y el pensamiento computacional**

⑥ **Construir explicaciones**

⑦ **Participar en discusiones a partir de la evidencia**

⑧ **Obtener, evaluar y comunicar información**

*Adaptado de Next Generation Science Standards, Apéndice F, abril del 2013

La evidencia científica es una parte importante de cada una de esas prácticas. ¡Obsérvalas nuevamente y verás que la evidencia es muy importante! Si vas a formular una pregunta científica, probablemente se deba a que viste una evidencia que te sugirió la pregunta. Si vas a desarrollar un modelo científico, necesitas evidencia de calidad para hacerlo. Si vas a construir una explicación, estarás explicando la evidencia.

¡La ciencia y la evidencia son grandes amigas! Los científicos saben que la evidencia es esencial y que no pueden inventar cosas, adelantarse a sacar conclusiones o tomar lo que otra persona dice, y pensar: "¡Bueno, si tú lo dices!". Los científicos indagan hasta descubrir ellos mismos para poder estar seguros de que toda la evidencia es buena, correcta y completa.

Imagina que quieres jugar al baloncesto y a pesar de que nunca antes jugaste, todos te dicen que es un juego genial. Entonces tomas un balón de baloncesto y comienzas el juego. Un grupo de niños de kindergarten está jugando en una cancha cercana y les preguntas si quieren jugar. "¡Fantástico!", piensas. "¡Soy muy bueno jugando este juego! ¡Estoy ganándoles por mucho a estos niños! ¡Soy una máquina de jugar al baloncesto!". Después de todo, la evidencia muestra claramente que eres un jugador genial. ¡Eres imparable y es como si hubieras nacido para jugar este juego!

Una constante

Siempre que realizan un experimento en el que hay una comparación, los científicos usan algo llamado una constante. Una constante no cambia. Las cosas que se comparan se evalúan en comparación con algo que es igual para ambos. Es la única forma de poder evaluar una diferencia.

Entonces, al día siguiente, te sientes muy a gusto con tus habilidades, vas a la cancha nuevamente y esta vez te encuentras con el equipo profesional, los New York Knicks, haciendo tiros al aro. Les preguntas si puedes jugar también y te dicen: "¡Claro!". Pero, ¡ay no! Es tan diferente de lo que sucedió ayer. Quedas derrotado, abatido, desmoralizado y pulverizado. "¡Soy el peor jugador del mundo!", gimes. "¡Ni siquiera pude tocar la pelota!".

Por supuesto, en ambos casos estás equivocado. La evidencia no está completa y no está basada en algo coherente. Todo lo que sabes es que tienes buenas posibilidades de derrotar a niños de kindergarten al baloncesto, y que los Knicks son mucho mejores jugadores que tú.

Lo que es importante

Sin importar quién seas, existen algunas reglas importantes que debes seguir a la hora de recopilar buena evidencia. Debes seguir estas reglas SIEMPRE. ¡Tú también, caballero! (Ey, te vi allí intentando ahorrar tiempo). En la ciencia, no puedes salirte con la tuya si tu trabajo es de mala calidad y la evidencia no es confiable. Debes obedecer las reglas; de lo contrario, todos pierden. Especialmente la ciencia.

Una científica busca evidencia científica de la existencia de una sustancia en una muestra.

No **enojes** a la ciencia. No te gustará la ciencia cuando se **enoja**.

(Bueno, es solo un chiste. La ciencia en realidad tiene una personalidad muy agradable. Inténtalo y lo descubrirás tú mismo). Probablemente escuches a mucha gente decir que tienen evidencia científica para argumentar lo que sea que quieren probar. Y después, hay otros que dicen tener evidencia científica contra lo que sea que el primer grupo quiere comprobar. De todas formas, decir "evidencia científica" no es evidencia de nada más que la capacidad de pronunciar "evidencia científica". La evidencia científica **auténtica** significa algo. Pero sobre todo, significa **confiabilidad**. Puedes contar con eso.

Continúa leyendo para descubrir cómo un científico obtiene evidencia científica auténtica.

Objetividad

"Me pregunto si…" es un pensamiento frecuente para cualquier buen científico. El científico se pregunta "y si", "cómo", "qué pasaría si". Los científicos serían los primeros en decirte que no conocen las respuestas a las preguntas. Son ellos los que hacen las preguntas. Y una vez que encuentran una respuesta, continúan preguntando.

Es más que simplemente ser curioso (que es algo muy bueno, por cierto). Es ser un investigador, alguien que nunca se conforma con: "Bueno, esta es la respuesta. Ahora me detendré". En cambio, el científico dice: "Bueno, estos resultados son interesantes. Voy a estudiarlos más y a hacer más preguntas".

Parte del motivo por el cual un científico lo hace tan bien es porque su tarea es mantener una mente abierta o ser objetivo. Una persona objetiva no emite juicios. La persona objetiva es justa y no intenta adivinar lo que sucederá ni fuerza algo para que suceda. La mente de esta persona permanece abierta para no dejar nada afuera, porque su cerebro estaba arraigado a otra expectativa.

ambientalista

arqueóloga

Resultados imparciales

Siempre que veas un informe científico que diga estar basado en una buena investigación y evidencia, asegúrate de saber quién hizo la investigación. En ocasiones, las empresas que quieren vender algo pagan para que se realicen investigaciones que puedan respaldar lo que quieren hacer. Puedes ver por qué la evidencia que obtienen puede no siempre ser confiable.

Buenos procedimientos

Los científicos usan desde hace mucho tiempo algo llamado el **método científico** que tiene muchas cosas fabulosas. Básicamente, el método científico enumera pasos importantes en el proceso para llevar a cabo estudios e investigaciones científicas. En un momento se creía que los pasos debían ir en secuencia. Pensaban que los pasos eran siempre los mismos. Pero ahora sabemos que no es así. La ciencia es un proceso. Guía al científico en muchas direcciones diferentes e inesperadas. La ciencia no es una receta que se deba seguir. Es una exploración abierta de lo que puede comprobarse. Los pasos que encuentras en el método científico son, con frecuencia, parte de ese proceso; es por esto que es una buena idea aprender sobre ellos. ¡Observa!

Hoy en día, cuando pensamos en el método para "hacer" ciencia, lo vemos como un proceso abierto que incluye las prácticas mencionadas en el lado derecho. No tiene pasos, sino **componentes** que hacen que una práctica científica sea buena. Lo interesante es que esos componentes son principalmente los mismos que encuentras en el método científico. (*¿Predicción? ¡Bien!* ✔ *¿Experimentación? ¡Bien!* ✔). Solo pensamos en los componentes de una forma un poco diferente de lo que solíamos hacerlo.

¿Cuál es el método?

Estos pasos son partes comunes del método científico.

❶ **observación e investigación**

❷ **hipótesis**

❸ **predicción**

❹ **experimentación**

❺ **análisis**

❻ **informar**

Descubrí...

La evidencia demuestra...

Sabemos que el corazón de la ciencia es la **investigación**. ¿Qué es la investigación? Es una variedad de formas en las que los científicos investigan el mundo a su alrededor, descubren evidencia y proponen explicaciones para lo que **observan**. Comienza como una picazón que no desaparece, justo en la parte de atrás de la espalda. Te estiras, te estiras, ya casi... ¡listo! Ahhh. ¡Oh, espera, aquí hay otra más! Te estiras, te estiras... y así sigue. Y eso, amigos, es la naturaleza de la investigación científica. Una idea que te acecha y cautiva tu atención. La piensas, y mientras más piensas, más necesitas saber. *¿Qué sucedería si...?* *¿Cómo puedo saber? ¿Qué hemos aprendido ya? ¿Qué más puedo agregar?*

EXPLORAR

Probar ideas

Beneficios y resultados

Así es como comienzan las grandes investigaciones.

Una vez que un científico siente el gusanillo, comienza a explorar, a hacer observaciones, a hacer preguntas y a investigar lo que otros hicieron y aprendieron. Esto está determinado en parte por lo que el científico está intentando descubrir y en parte por los descubrimientos que otros científicos han hecho que los redireccionan hacia rumbos nuevos y asombrosos.

Exploración y descubrimiento

Análisis y comentarios

¿Alguien tiene un mapa?

El camino de la investigación no va en línea recta. Es enrevesado, lo que significa que hay vueltas y círculos, y cambia cuando se descubren nuevas cosas y surgen nuevos interrogantes. No hay un mapa. ¡Es un viaje de descubrimiento!

Un científico analiza información en una computadora.

Casi siempre, no es un solo científico el que hace la investigación, sino todo un equipo de científicos. ¡La ciencia implica trabajo en equipo!

PRUEBA

Sin importar qué esté investigando un científico, debe decidir si las ideas son **verificables** para poder avanzar. De lo contrario, no hay ciencia. Las pruebas son obligatorias; por eso, mientras explora, el científico inicia las pruebas. Las pruebas se pueden hacer en un laboratorio, pero también, donde tenga más sentido hacerlas. Puede ser en un bosque, bajo el agua o quizás, en una computadora. ¡No hay reglas al respecto!

Mientras hacen las pruebas, los científicos elaboran una explicación razonable para la pregunta bajo investigación. El científico reúne e interpreta la información sobre todo lo que observa. Mientras lo hace, el científico sigue adaptando y cambiando su parecer respecto de sus hallazgos.

Un buen científico también analiza todo. Así es, ¡todo! Hace preguntas sobre los hallazgos y los datos, y repite las pruebas. Los científicos verifican una y otra vez. Para ser precisas, las pruebas tienen que poder repetirse y el científico debe obtener los mismos resultados TODAS LAS VECES.

ANALIZA

Un científico reúne y hace pruebas a las muestras de un bosque.

Una científica hace pruebas en un laboratorio.

Aceptación

Cuando un científico trabaja, no lo hace solo. Comparte su trabajo con otros científicos y hacen experimentos para saber si obtienen resultados iguales o diferentes. Cuando otros revisan el trabajo de un científico, estos lo aceptan o lo rechazan. Si la mayoría de los expertos lo acepta, el trabajo es considerado "buena ciencia", y comienza a ser usado para respaldar otras investigaciones.

Y así sucesivamente.

biólogos

botánica

químico

Sin secretos

Si nadie más puede probar algo que solo prueba un grupo de científicos, esta supuesta evidencia no es buena ciencia. La buena ciencia es siempre pública y verificable.

Consenso

Es difícil que un grupo de personas llegue a un acuerdo total sobre algo. Piensa en las veces que tú y tus amigos intentaron ponerse de acuerdo sobre un plan. En la ciencia, mientras la mayoría esté de acuerdo y solo unos pocos en desacuerdo, aunque estos sean inconformes e insistentes, se considera que se alcanzó el consenso.

La aceptación del trabajo de un científico depende de la evidencia que la respalde. Otros científicos tienen que poder hacer pruebas y obtener los mismos resultados. Tienen que ver que la evidencia es válida y precisa. Los expertos científicos deben lograr un **consenso**, es decir que tienen que estar de acuerdo en la aprobación del trabajo.

Por supuesto, no todos tienen por qué estar de acuerdo. Aceptémoslo, siempre habrá quienes estén en desacuerdo y pondrán problemas por algunas cosas. A otros no les gustarán los resultados, o tal vez tengan sus propias ideas sobre el modo en el que deberían hacerse las cosas. El científico no tiene que hacer nada para que los demás estén de acuerdo. Pero la buena ciencia seguirá siéndolo cuando es observada por científicos objetivos.

Un estudiante hace pruebas a un robot para encontrar evidencia que dé soporte a su idea.

Líneas de evidencia

La buena evidencia deriva de varias líneas de evidencia. Cada línea proviene de un tipo de prueba diferente. Mientras más líneas de evidencia existan para respaldar una idea, con más solidez podemos aceptarla.

Interpretar la evidencia

    ¿Qué significa? Para saberlo, el científico debe usar su herramienta más importante: ¡el poder del cerebro! La evidencia por sí sola no pinta todo el panorama. Es necesario reunirla como un rompecabezas. Las piezas del rompecabezas, individualmente, no significan nada. Son una confusión, hay que organizarlas y unirlas para que tengan sentido. El científico estudia la evidencia como piezas de un rompecabezas y reúne esa evidencia para que tenga sentido.

Estudiantes prueban y reúnen evidencia sobre la ingeniería.

Evidencia empírica

Los científicos buscan evidencia empírica. Es evidencia que se encuentra mediante la observación y los experimentos.

¿Qué pasa si faltan piezas? Un buen científico hace más pruebas para encontrar esas piezas. ¿Qué pasa si el científico no sabe que faltan piezas? Es por eso que decimos que nada puede ser demostrado o refutado por completo, porque, en cualquier momento, pueden aparecer piezas nuevas. La ciencia no confirma las ideas y tampoco las rechaza. Acepta o rechaza las ideas con base en evidencia. Las ideas que son aceptadas o rechazadas pueden ser cambiadas a medida que surge nueva evidencia.

¡Espera un momento! ¿No se trata la ciencia de hechos? No. Se trata de evidencia. Un buen científico jamás diría que algo es un hecho con un 100 % de certeza. No es posible que sepamos algo sobre el mundo natural con un 100 % de certeza. Podríamos contar con cientos de páginas de evidencia, pero incluso así ningún buen científico diría que la idea ha sido confirmada. Ha sido aceptada, no confirmada.

Pero, ¡aguarda! NO ES LO MISMO que decir que la ciencia es adivinanza. ¡Nada más alejado! La práctica científica requiere intensa investigación, pruebas, cuestionamiento y análisis. Pero sabemos que, sin importar qué, siempre habrá más evidencia por encontrar.

Veamos, por ejemplo, el caso del átomo. Por mucho tiempo, el estudio científico demostró que el átomo era la unidad más pequeña de la materia, pero, a inicios del siglo XX, más estudios llevaron al descubrimiento de los protones, los neutrones y los electrones en los átomos. Asimismo, ahora sabemos que hay partículas todavía más pequeñas, como los cuarks y los neutrinos. ¿Quién sabe qué más descubriremos en el futuro? ¿Pequeñas aldeas de "Quiénes" viviendo dentro de los átomos, quizás? (Está bien, eso es poco probable, pero es divertido pensarlo, ¿no?).

La idea de los agujeros negros ha sido aceptada por años. Recientemente, Stephen Hawking propuso nuevas ideas relacionadas con este tema.

Expectativa versus observación

Al hacer pruebas, un científico establece las expectativas relacionadas con lo que observará y compara estas expectativas con lo que *realmente observa*.

Científicos colocaron estos grabadores de profundidad a estos lobos marinos para saber a qué profundidad se sumergían.

Los científicos observarán y analizarán los datos provenientes del transmisor de esta foca elefante para conocer sobre sus hábitos migratorios.

Piensa por ti mismo

Ahora sabes lo que debes hacer cuando encuentras una evidencia científica. (Explorar. ✔ Hacer pruebas. ✔ Analizar. ✔ Compartir con otros y dejarlos hacer sus pruebas. ✔). Pero, ¿sabes qué hacer cuando te presentan la evidencia de otra persona? ¿Cómo sabes si puedes confiar? ¿Es objetiva y no subjetiva? ¿Ha seguido buenos procedimientos? ¿Ha sido aceptada por otros expertos?

Al considerar la evidencia y su validez, siempre debes conocer su procedencia. ¿Quién encontró la evidencia y quién pagó la investigación? ¿Qué tan sólida es la evidencia? ¿Puedes obtener más información acerca de esta evidencia?

Siempre debes detenerte a considerar la evidencia con la que cuentas. No siempre creas en lo que alguien te dice. Sobre todo, no siempre creas en lo que lees en Internet.

También debes asegurarte de que todos los científicos hablen sobre esta evidencia de la misma manera. Por ejemplo, si lees evidencia en un informe que dice que Santa Claus es alegre porque escucha la canción "Happy" de Pharrell mientras conduce su trineo, pero los demás expertos dicen que Santa es alegre porque tiene pensamientos felices mientras conduce su trineo… pues, es posible que a Santa le *guste* Pharrell, pero el primer investigador le dio un giro a las cosas.

Bueno, está bien, no hay evidencia acerca de por qué Santa es alegre. Al menos hay evidencia de sobra respecto de que Santa existe, ¿verdad?*

Piensa como un científico

¿Cómo puedes pensar como un gran investigador científico? ¡Experimenta y averígualo!

Qué conseguir

- arcilla
- arena
- grava
- tabla o rampa
- tierra para cultivo

Qué hacer

1 Elige una pregunta:

    a. ¿Qué tipo de tierra permitirá un mejor deslizamiento cuando esté mojada? Pista: Haz una prueba a cada tipo de tierra usando la misma cantidad de agua en cada prueba.

    b. ¿A qué ángulo se desliza mejor cada tipo diferente de tierra? Pista: Haz una prueba a cada tipo de tierra a la misma altura; vuelve a hacer la prueba con una altura diferente.

2 A partir de la pregunta y de lo que sabes sobre cada tipo de tierra, formula una hipótesis.

3 Diseña un experimento para probar tu hipótesis.

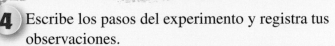

4 Escribe los pasos del experimento y registra tus observaciones.

5 Crea un registro del experimento y los resultados. ¿Cuál es la respuesta a tu pregunta? ¿Qué aprendiste de este experimento? ¿Cuáles son las semejanzas y diferencias entre tus resultados y los de tus compañeros?

Glosario

analizados: estudiados para aprender sobre sus partes, lo que hacen y cómo se relacionan con otras cosas

auténtica: real, no una copia

componentes: partes de algo

confiabilidad: la calidad o el estado de ser confiable

consenso: una idea u opinión compartida por todos los miembros de un grupo

constante: algo que permanece igual

datos: la información usada para calcular, analizar o planificar algo

evaluar: determinar el valor de algo de forma cuidadosa y pensada

evidencia: prueba de que algo existe o es verdad

interpretar: explicar y entender algo

investigación: el proceso de cuestionamiento, investigación y prueba

método científico: los pasos que usan los científicos para evaluar ideas mediante los experimentos y la observación

objetivo: basado en hechos más que en sentimientos y opiniones

observan: miran y escuchan atentamente

pensamiento computacional: la resolución lógica de problemas que es similar al modo en el que una computadora analiza y resuelve los problemas

verificables: que se puede llegar con ellos a un resultado claro

Índice

¡TU TURNO!

Tras la evidencia

Observa la tierra de un parque o patio de juegos y reúne evidencia respecto a qué actividades se han realizado allí recientemente. ¿Ves huellas de pisadas? ¿Son grandes o pequeñas? ¿En qué dirección caminaba la persona? Desafía a un amigo para ver quién puede encontrar más evidencia.